CE LIVRE APPARTIENT À:

____

____

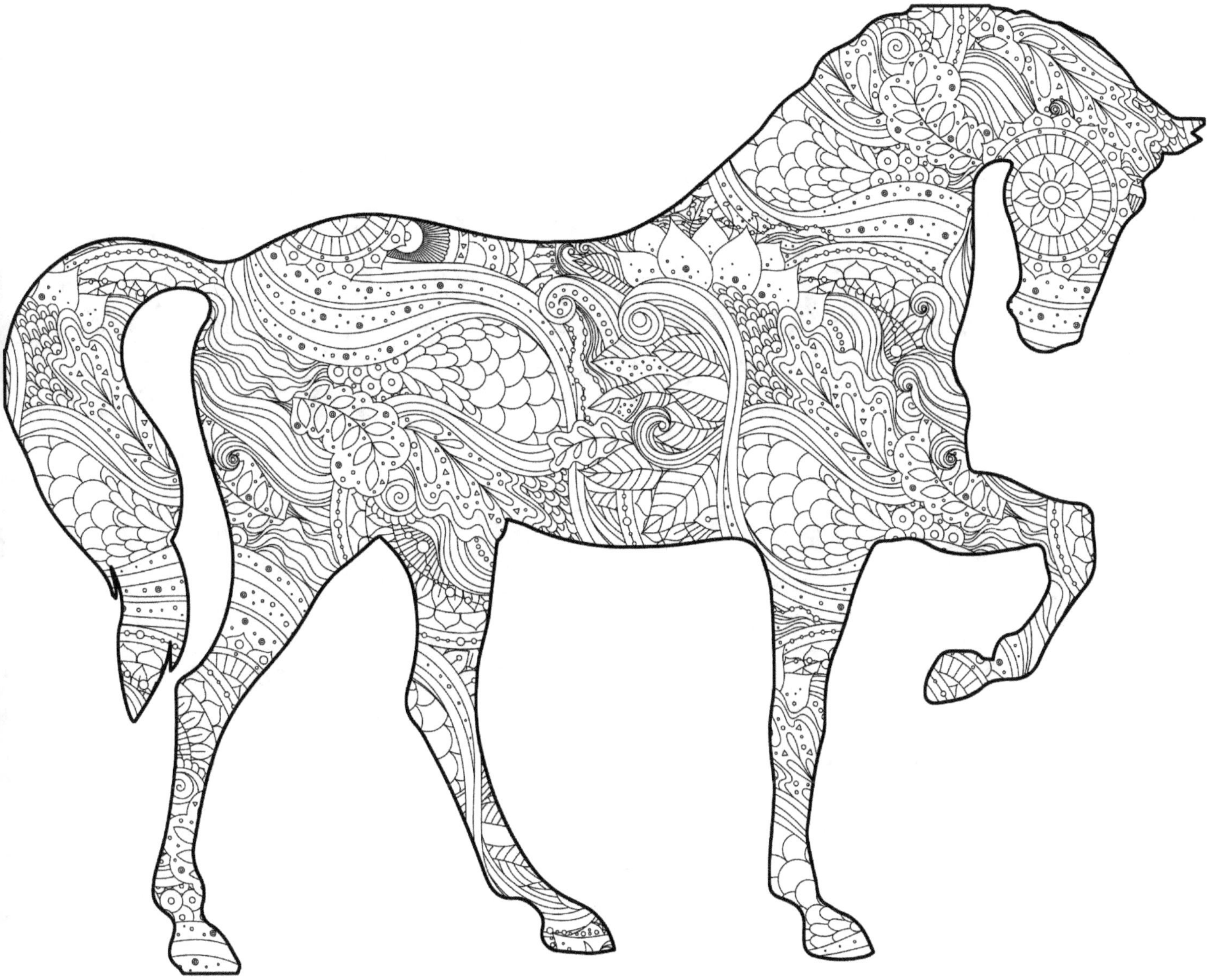

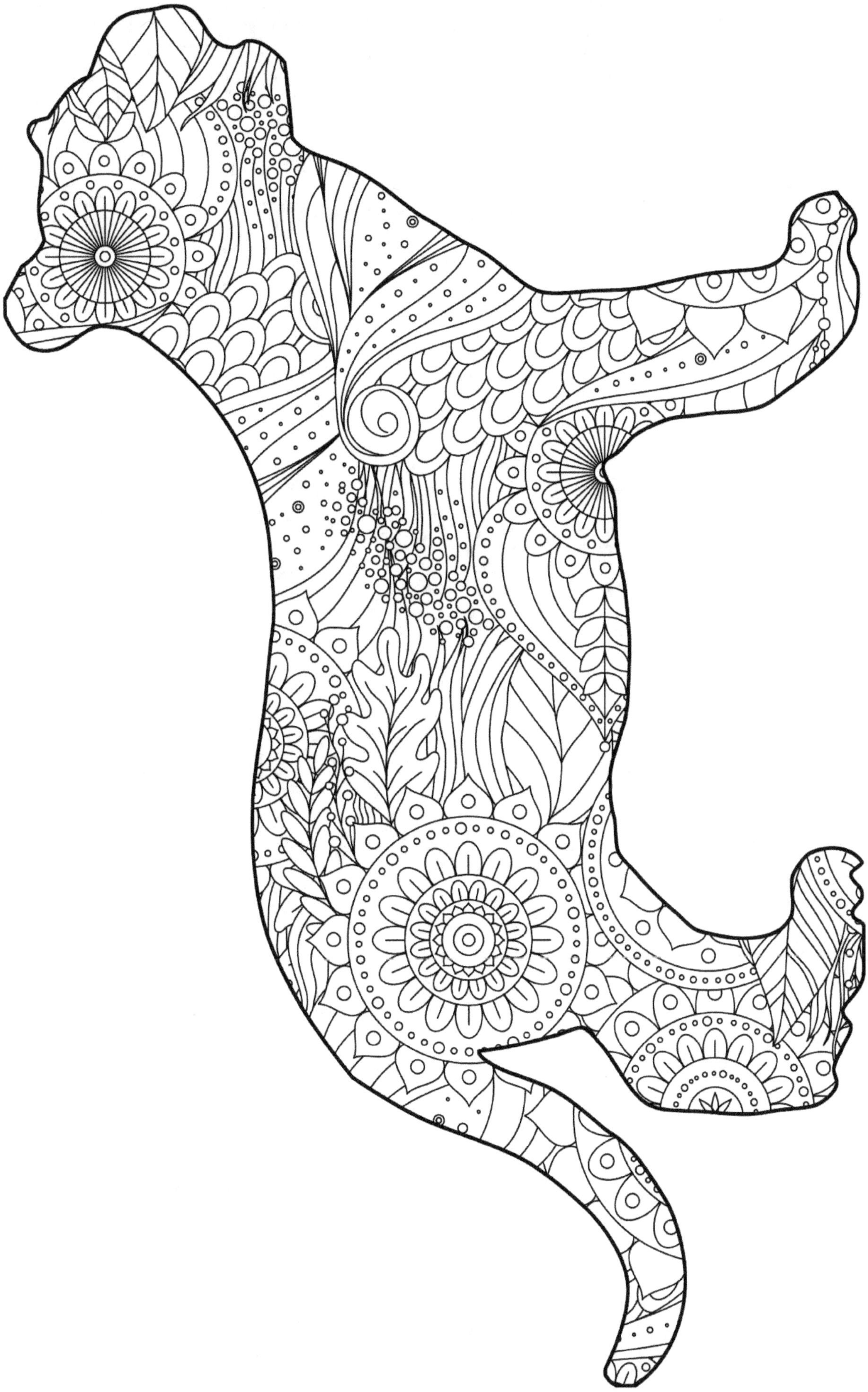

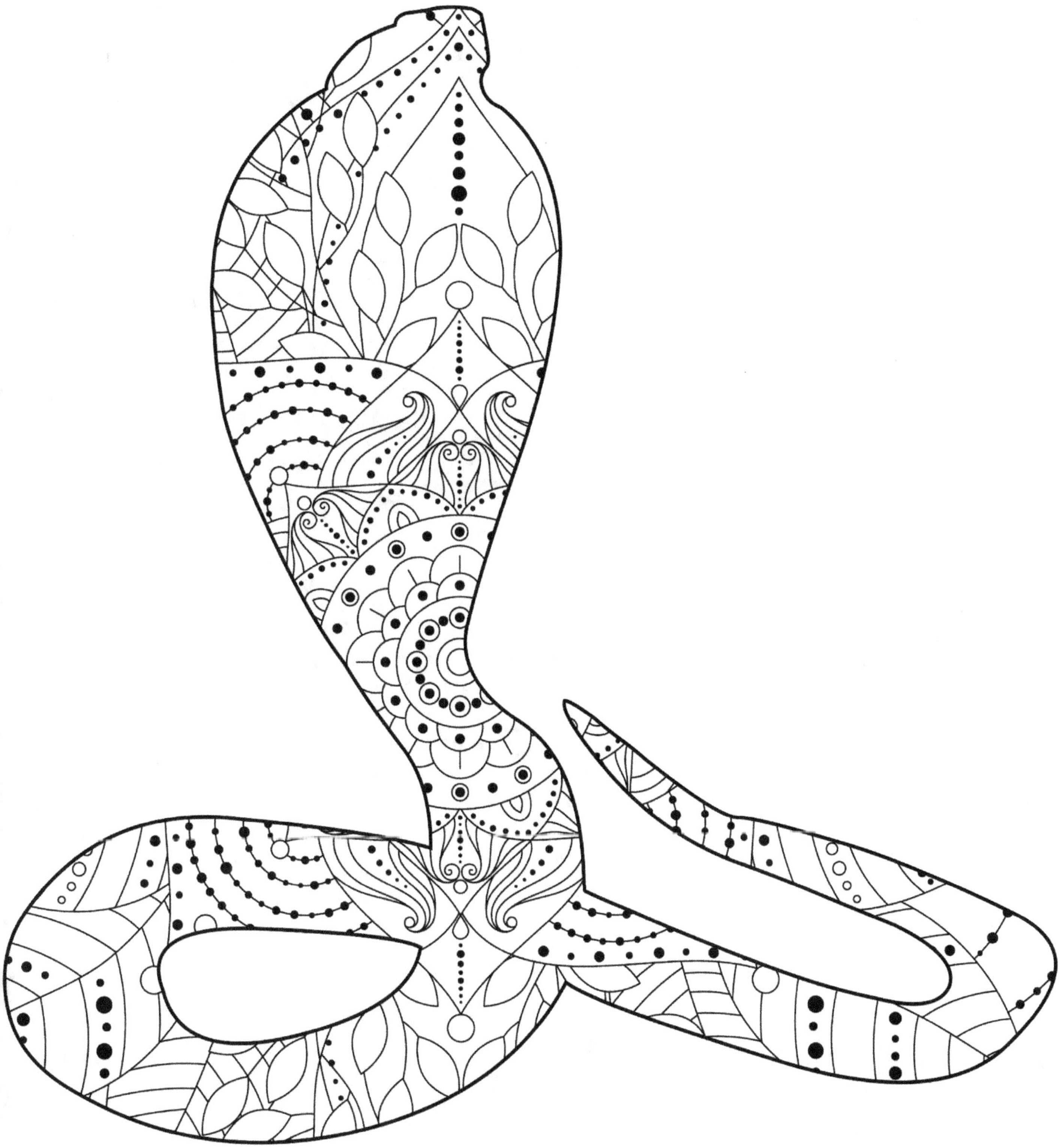

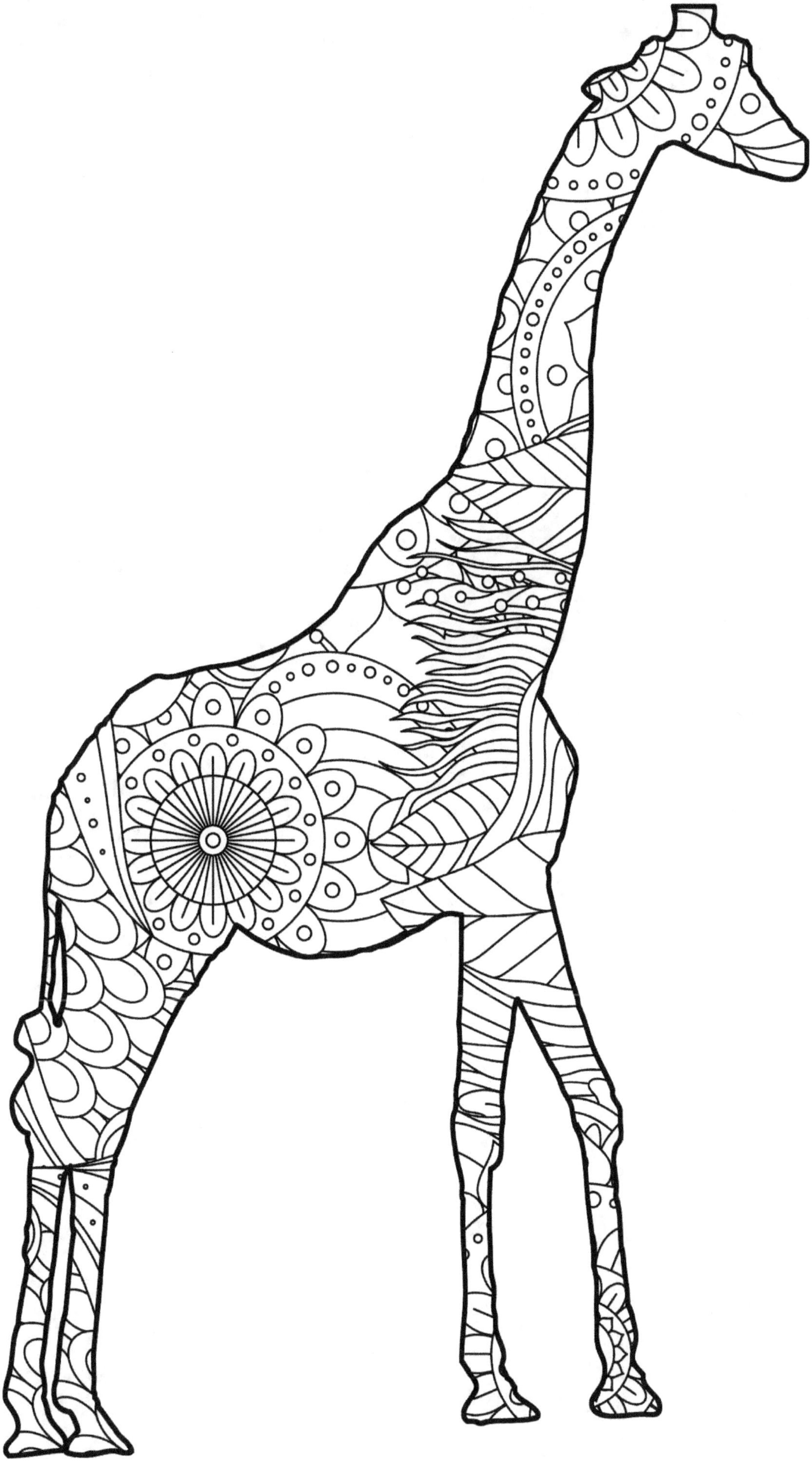

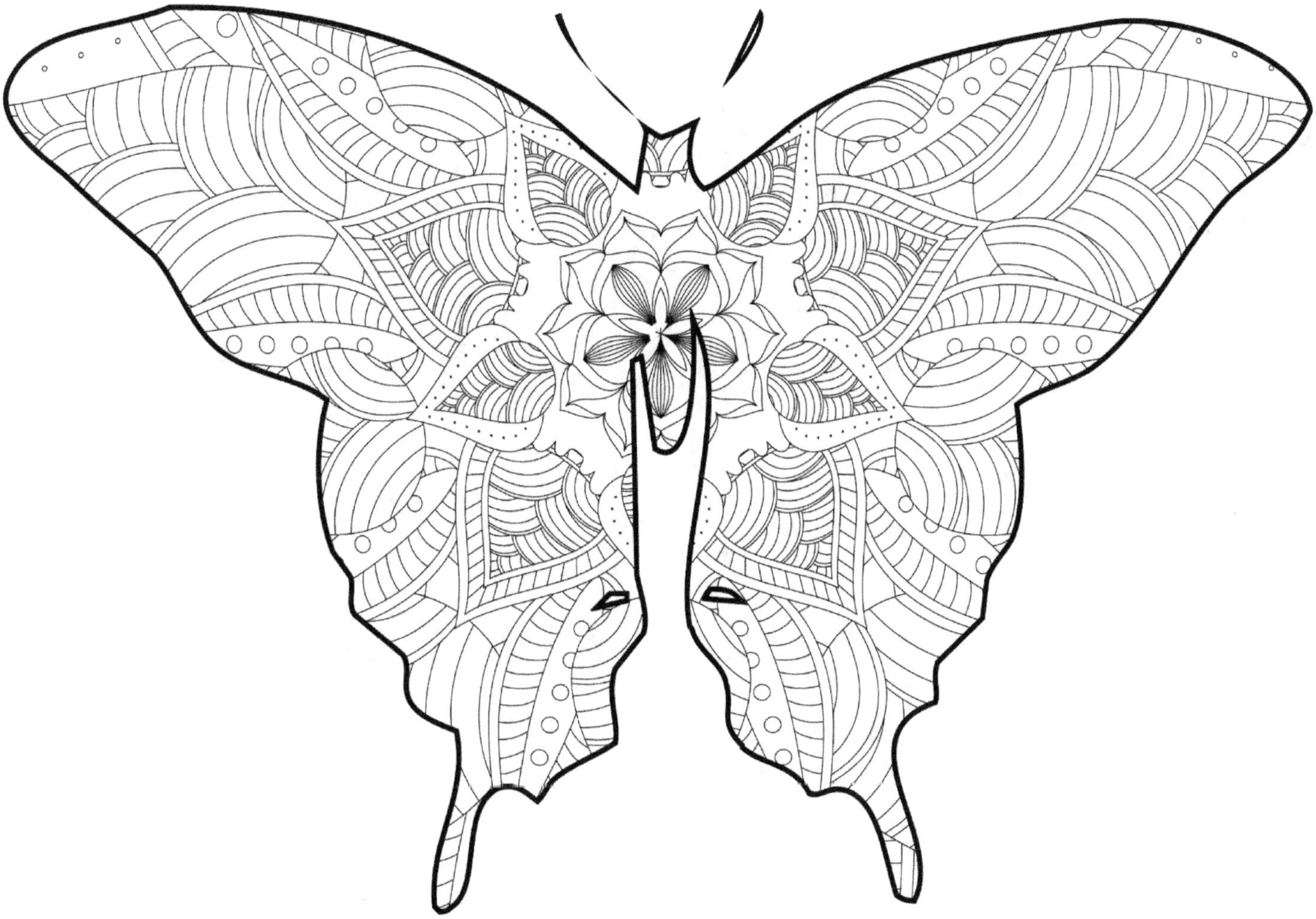

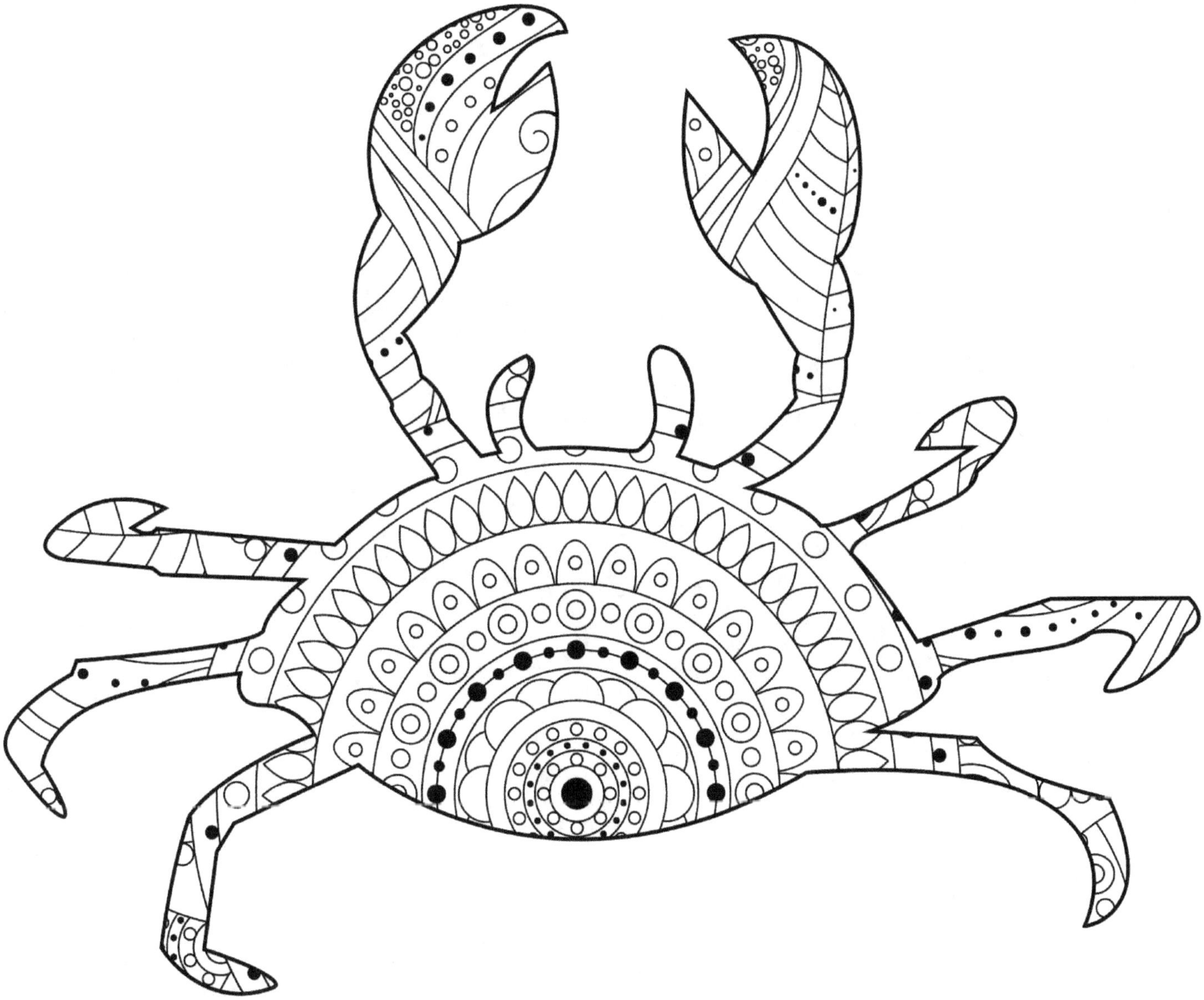

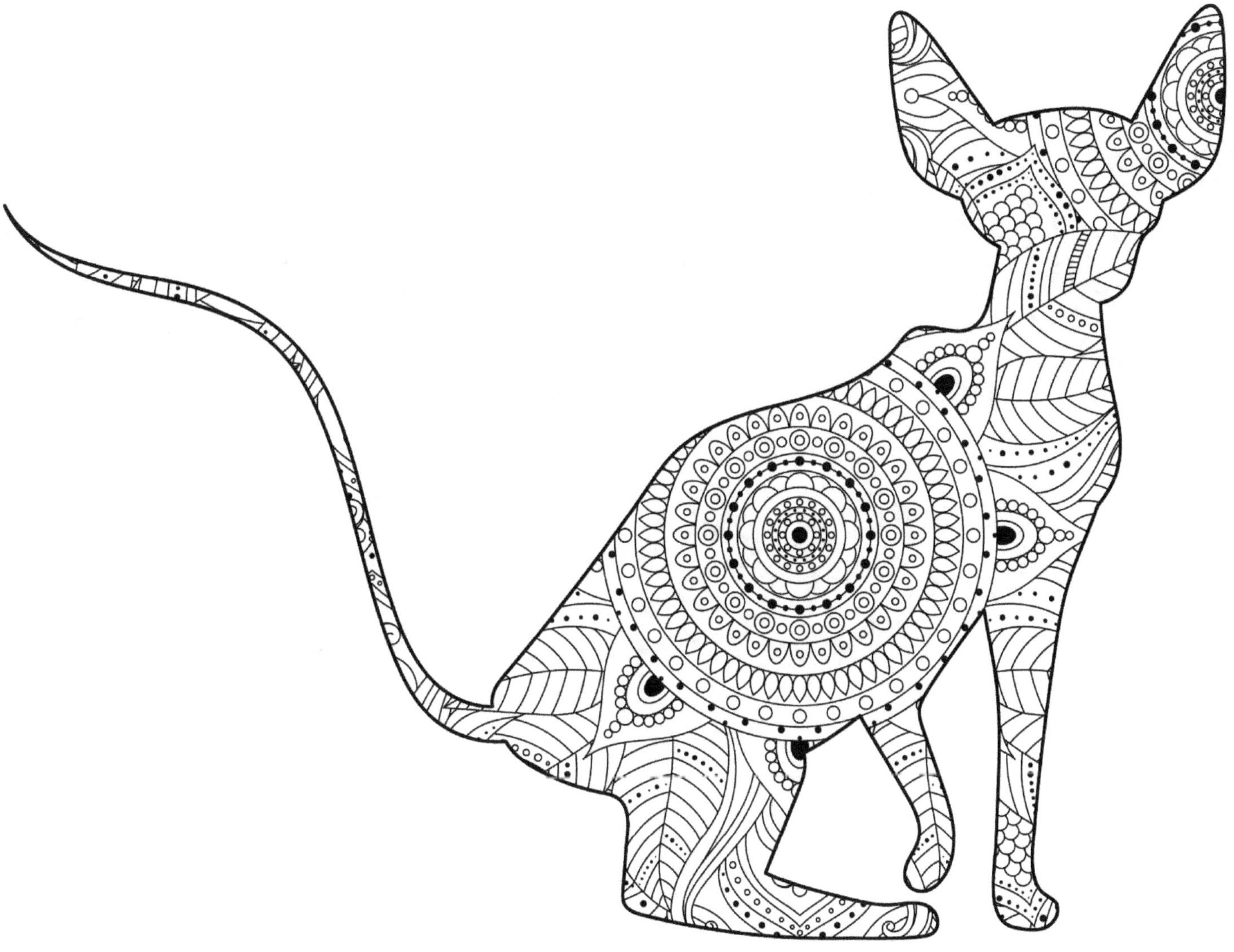

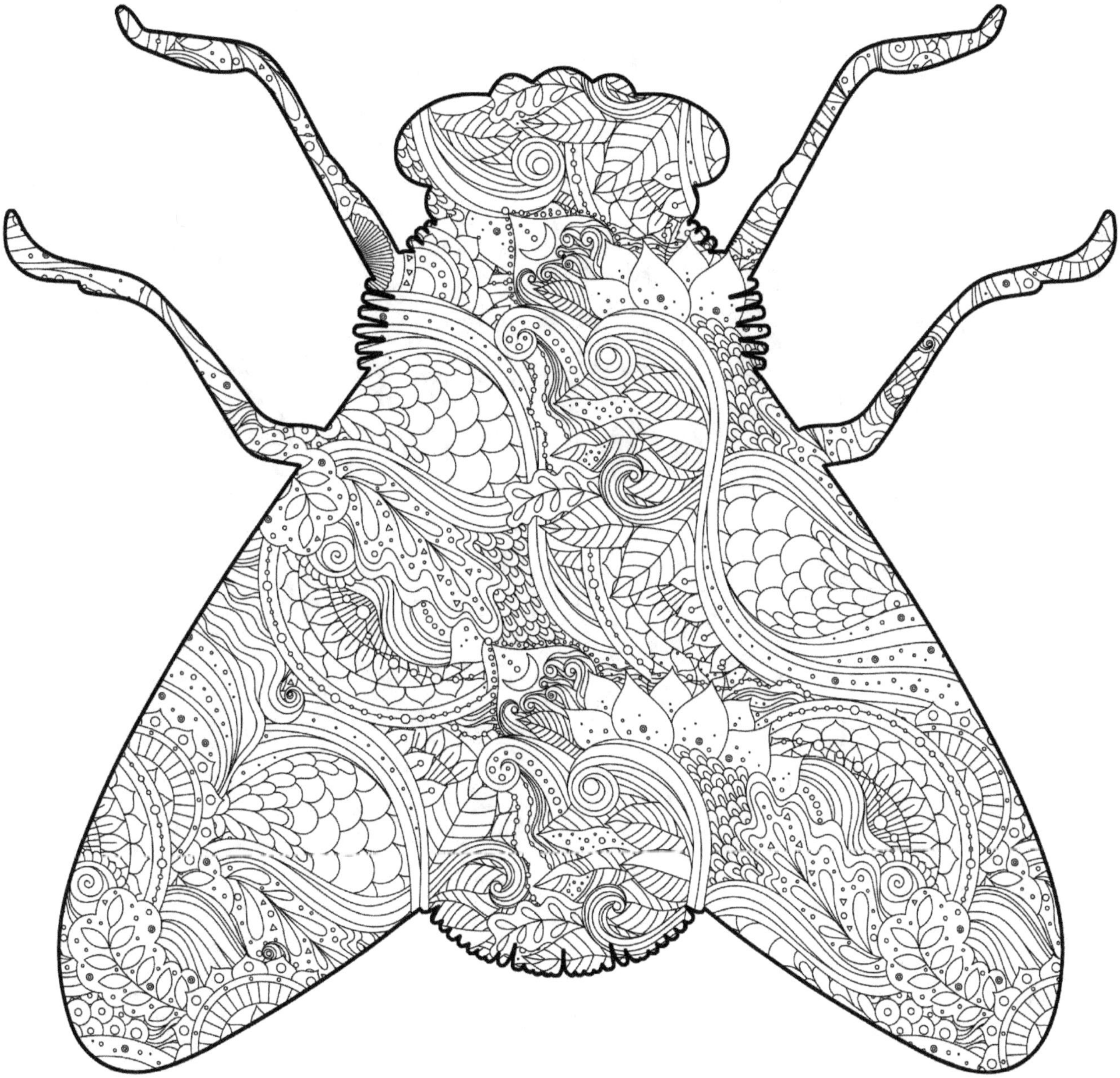

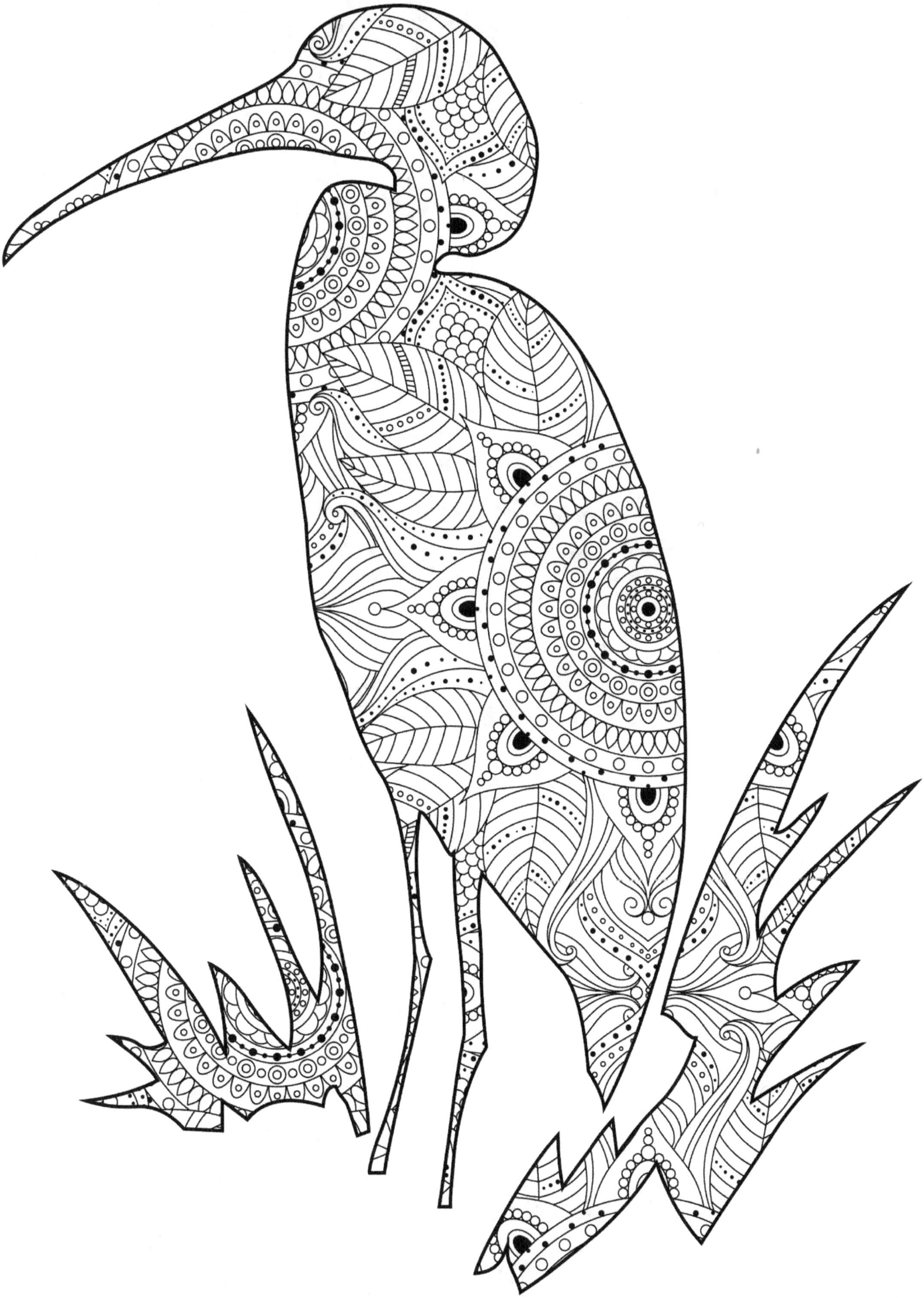

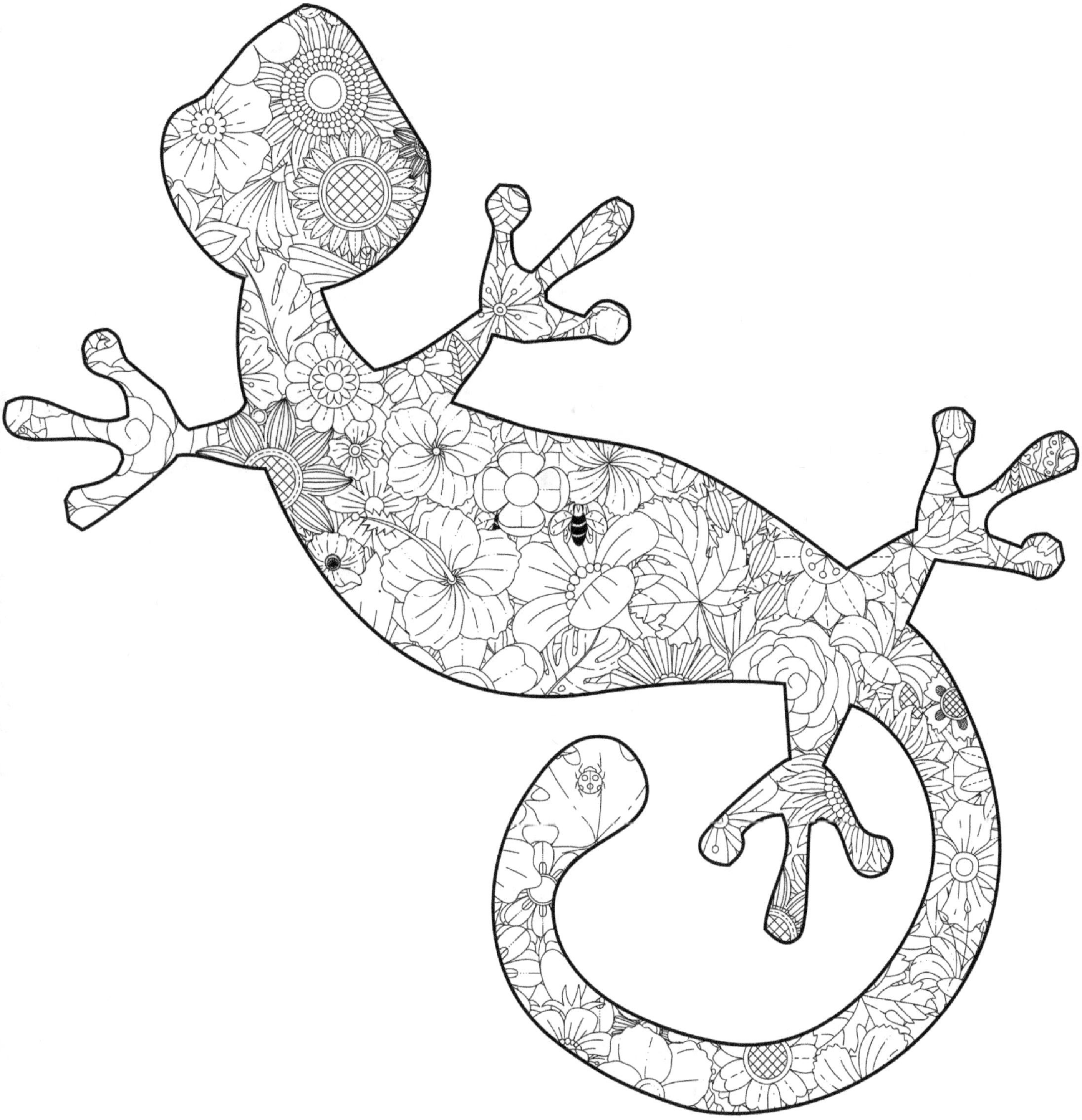

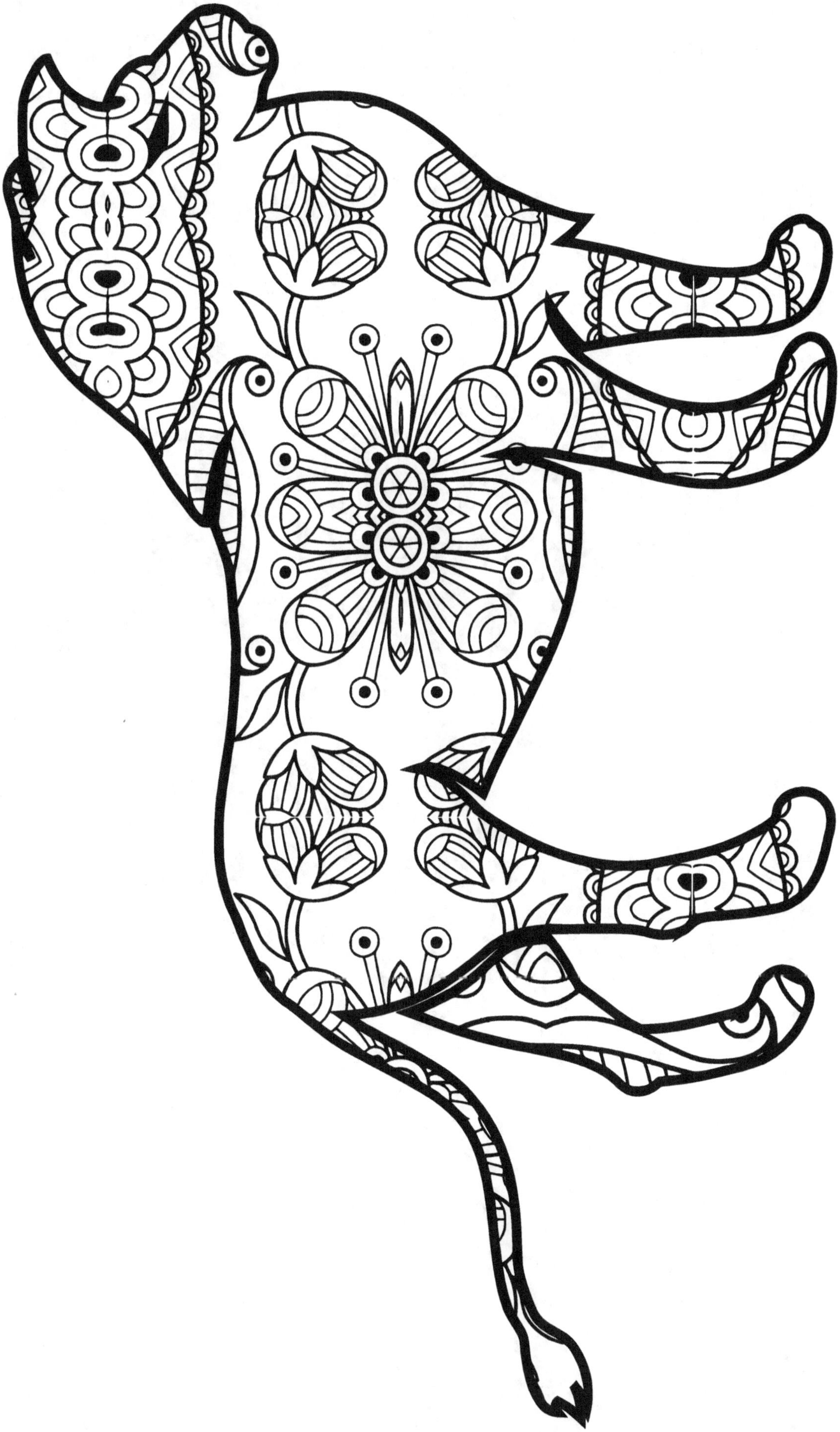

Mentions légales (Imprint)

Droits d'auteur: Nils Dreisvogt
Leppinghof 1, 44143 Dortmund, Allemagne
dani.coloring@gmail.com

Imprimé et publié par: Amazon Media EU S.à r.l., 5 Rue Plaetis, L-2338, Luxembourg

ISBN: 9798578018381

www.ingramcontent.com/pod-product-compliance
Lightning Source LLC
Chambersburg PA
CBHW060514120726
48002CB00011B/3151
9798578018381